建筑业职工工伤保险手册

人力资源和社会保障部工伤保险司　编

中国劳动社会保障出版社

图书在版编目（CIP）数据

建筑业职工工伤保险手册 / 人力资源和社会保障部工伤保险司编．—北京：中国劳动社会保障出版社，2015
ISBN 978-7-5167-1867-4

Ⅰ．①建…　Ⅱ．①人…　Ⅲ．①建筑企业 - 工伤事故 - 劳动保险 - 中国 - 手册　Ⅳ．① F842.61-62

中国版本图书馆 CIP 数据核字（2015）第 069676 号

出版发行　中国劳动社会保障出版社
地　　址　北京市惠新东街 1 号
邮政编码　100029
印刷装订　保定市中画美凯印刷有限公司
经　　销　新华书店

开　　本　889 毫米 ×1194 毫米　48 开本
印　　张　1.5
字　　数　33 千字
版　　次　2015 年 4 月第 1 版
印　　次　2020 年 9 月第 9 次印刷
定　　价　6.00 元

读者服务部电话：（010）64929211/64921644/84643933
发行部电话：（010）64961894
出版社网址：http://www.class.com.cn

个人不缴费

——费用单位统一缴

项目全参保

——项目用工全保障

上班要打卡

——工作凭证保存好

咨询找社保

——咨询电话 12333

前 言
Preface

建筑业职工为经济社会发展和人民安居乐业做出了重大贡献，但建筑业也存在着工伤风险较高，部分建筑施工企业安全管理制度不落实、工伤保险参保覆盖率低，职工工伤维权能力弱、工伤待遇落实难等问题。

国家高度重视建筑业职工特别是农民工的工伤保障权益，先后颁布了一系列法律法规和政策，使建筑业职工工伤权益保障工作不断得到加强。2014 年 12 月 29 日，中华人民共和国人力资源和社会保障部、住房和城乡建设部、国家安全生产监督管理总局和中华全国总工会下发了《关于进一步做好建筑业工伤保险工作的意见》（人社部发〔2014〕103 号），进一步促进了维护建筑业职工特别是农民工的工伤保障权益，

大力推进建筑施工企业依法参加工伤保险工作。

为了推动工伤保险事业的发展，深入贯彻落实《工伤保险条例》和《关于进一步做好建筑业工伤保险工作的意见》的宣传与教育工作，我司组织编写了本手册，内容包括工伤保险基本知识、手续办理、注意事项、维权途径及建筑行业的工伤预防知识。希望本手册能为广大建筑业职工特别是农民工了解自身的法律权益和义务，熟悉有关工伤保险和工伤保障权益，增强工伤事故的预防和应对能力提供帮助。

人力资源和社会保障部工伤保险司

2015 年 4 月

目录

Contents

工伤保险基本知识

1. 什么是工伤保险？

工伤保险又称职业伤害保险，是我国社会保障制度之一，是指劳动者在生产经营活动中或在规定的某些特殊情况下所遭受的意外伤害，或是患职业病，以及因这两种情况造成死亡、劳动者暂时或永久丧失劳动能力时，劳动者及其供养亲属（遗属）能够从国家、社会得到必要的物质补偿。这种补偿既包括医疗、康复所需，也包括生活保障所需。

2. 参加工伤保险有什么好处?

已参加工伤保险的职工发生工伤后，可以按照《工伤保险条例》的规定及时、足额享受由工伤保险基金支付的工伤医疗、工伤康复、辅助器具配置和各项生活保障待遇等，生活保障待遇包括一次性待遇和长期待遇，从而解决职工工伤后的医疗救治和基本生活保障等问题。

3. 建筑业职工必须要参加工伤保险吗?

建筑业职工参加工伤保险，既是贯彻落实党中央、国务院关于切实保障和改善民生的要求，更是落实依据《社会保险法》《建筑法》《安全生产法》《职业病防治法》和《工伤保险条例》等法律法规规定，解决目前部分建筑施工企业安全管理制度不落实、工伤保险参保覆盖率低，一线建筑工人特别是农民工工伤维权能力弱、工伤待遇落实难等问题的重要途径，是用人单位的法定义务。因此，建设单位在施工之前，必须为职工办理参加工伤保险手续。

4. 建筑业以什么形式参加工伤保险？如何缴费？

建筑施工企业应依法参加工伤保险，针对建筑行业的特点，建筑施工企业对相对固定的职工，应按用人单位参加工伤保险；对不能按用人单位参保、建筑项目使用的建筑业职工特别是农民工，按项目参加工伤保险。

按用人单位参保的建筑施工企业应以工资总额为基数依法缴纳工伤保险费。以建设项目为单位参保的，可以按照项目工程总造价的一定比例计算缴纳工伤保险费。

5. 建筑业职工参加工伤保险，个人需要缴费吗？

根据《社会保险法》第三十三条、《工伤保险条例》第十条规定，职工参加工伤保险，所有费用由用人单位缴纳，职工个人不缴费。

6. 建筑工地按项目参保后，哪些人员将纳入保障范围？

建筑工地按项目参加工伤保险后，工伤保险将覆盖项目使用的所有职工，包括专业承包单位、劳务分包单位使用的农民工。即本建筑工地按项目参加工伤保险后，在本建筑项目施工中发生事故经认定为工伤的，均可按照《工伤保险条例》的规定享受工伤保险待遇。

7. 为促进建筑业职工参加工伤保险，采取了哪些强制措施？

房屋建筑和市政基础设施工程实行以建设项目为单位参加工伤保险的，可在各项社会保险中优先办理参加工伤保险手续。建设单位在办理施工许可手续时，应当提交建设项目工伤保险参保证明，作为保证工程安全施工的具体措施之一，安全施工措施未落实的项目，各地住房城乡建设主管部门不予核发施工许可证。

8. 建筑业职工发生工伤后该怎么办?

发生工伤后处理简要流程图

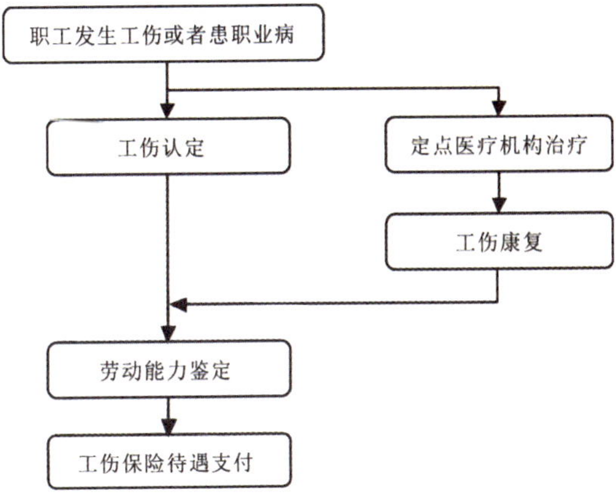

简要办事提示

（1）工伤认定。用人单位应当自事故伤害发生之日或者被诊断、鉴定为职业病之日起30日内，工伤职工或者其近亲属、工会组织应在事故伤害发生之日或者被诊断、鉴定为职业病之日起1年内，向统筹地区社会保险行政部门提出工伤认定申请，并按照《工伤保险条例》第十八条规定，提交相关申请材料。具体包括：工伤认定申请表，与用人单位存在劳动关系（包括事实劳动关系）的证明材料，医疗诊断证明或者职业病诊断证明书（或者职业病诊断鉴定书）等。

（2）工伤医疗。职工因工作遭受事故伤害或者患职业病进行治疗，享受工伤医疗待遇。职工治疗工伤应当在签订服务协议的医疗机构就医，情况紧急时可以先到就近的医疗机构急救。参保工伤职工治疗工伤所需费用按规定从工伤保险基金支付。

（3）工伤康复。工伤职工到签订服务协议的康复机构进行工伤康复的费用，符合规定的，从工伤保险基金支付。

（4）劳动能力鉴定。职工发生工伤，经治疗伤情相对稳定后存在残疾、影响劳动能力的，应当进行劳动能力鉴定。劳动能力鉴定由用人单位、工伤职工或者其近亲属向设区的市级劳动能力鉴定委员会提出申请，并提供工伤认定决定和职工工伤医疗的有关资料。

（5）工伤保险待遇。已经参加工伤保险的建筑业职工受到事故伤害或者被诊断、鉴定为职业病经认定为工伤后，按照《工伤保险条例》规定享受各项工伤保险待遇。

工伤保险待遇包括工伤医疗期间待遇、工伤医疗终结后一次性发放的待遇、工伤医疗终结后定期发放的待遇及因工死亡待遇等。

工伤认定

9. 哪些情形应当认定为工伤?

职工有下列情形之一的，应当认定为工伤：

（1）在工作时间和工作场所内，因工作原因受到事故伤害的。

（2）工作时间前后在工作场所内，从事与工作有关的预备性或者收尾性工作受到事故伤害的。

（3）在工作时间和工作场所内，因履行工作职责受到暴力等意外伤害的。

（4）患职业病的。

（5）因工外出期间，由于工作原因受到伤害或者发生事故下落不明的。

（6）在上下班途中，受到非本人主要责任

的交通事故或者城市轨道交通、客运轮渡、火车事故伤害的。

（7）法律、行政法规规定应当认定为工伤的其他情形。

10. 哪些情形可以视同工伤？

职工有下列情形之一的，视同工伤：

（1）在工作时间和工作岗位，突发疾病死亡或者在 48 小时之内经抢救无效死亡的。

（2）在抢险救灾等维护国家利益、公共利益活动中受到伤害的。

（3）职工原在军队服役，因战、因公负伤致残，已取得革命伤残军人证，到用人单位后旧伤复发的。

11. 哪些情形不得认定为工伤或者视同工伤？

职工虽然符合《工伤保险条例》规定的应当认定为工伤或者视同工伤的情形，但是有下列情形之一的，不得认定为工伤或者视同工伤：

（1）故意犯罪的。

（2）醉酒或者吸毒的。

（3）自残或者自杀的。

12. 工伤认定申请时限有什么要求？

职工发生事故伤害或者按照《职业病防治法》的规定被诊断、鉴定为职业病，所在单位应当自事故伤害发生之日或者被诊断、鉴定为职业病之日起30日内，向统筹地区社会保险行政部门提出工伤认定申请。遇有特殊情况，经报社会保险行政部门同

意，申请时限可以适当延长。

工伤职工或者其近亲属、工会组织在事故伤害发生之日或者被诊断、鉴定为职业病之日起 1 年内，可以直接向用人单位所在地统筹地区社会保险行政部门提出工伤认定申请。

13. 工伤认定申请应向哪个部门提出?

申请人应向用人单位所在地统筹地区社会保险行政部门提出工伤认定申请。由省级社会保险行政部门进行工伤认定的事项，根据属地原则由用人单位所在地设区的市级社会保险行政部门办理。

用人单位在注册地和生产经营地均未参加工伤保险的，农民工受到事故伤害或者患职业病后，在生产经营地进行工伤认定。

14. 提出工伤认定申请应该提交哪些材料？多久作出认定决定？

提出工伤认定申请应当提交下列材料：

（1）工伤认定申请表。

（2）与用人单位存在劳动关系（包括事实劳动关系）的证明材料。

（3）医疗诊断证明或者职业病诊断证明书（或者职业病诊断鉴定书）。

工伤认定申请表应当包括事故发生的时间、地点、原因以及职工伤害程度等基本情况。

工伤认定申请人提供材料不完整的，社会保险行政部门应当一次性书面告知工伤认定申请人需要补正的全部材料。申请人按照书面告知要求补正材料后，社会保险行政部门应当受理。

社会保险行政部门应当自受理工伤认定申

请之日起 60 日内作出工伤认定决定，对受理的事实清楚、权利义务明确的工伤认定申请，应当在 15 日内作出工伤认定决定。

15. 什么是与用人单位存在劳动关系（包括事实劳动关系）的证明材料？职工个人无法提交怎么办？

劳动关系（包括事实劳动关系）证明材料主要是指劳动合同。无法提交劳动合同的，应根据《关于确立劳动关系有关事项的通知》（劳社部发〔2005〕12 号）规定，提交工资支付凭证或记录、工作证、招工登记表、考勤记录及其他劳动者证言等证据，以确认事实劳动关系。

建筑施工企业应依法与其职工签订劳动合同，职工应妥善保存相关劳动关系的证据，按规定应由用人单位负举证责任而用人单位不提供的，应当承担不利后果。

劳动能力鉴定

16. 什么情况下应当进行劳动能力鉴定?

职工发生工伤，经治疗伤情相对稳定后存在残疾、影响劳动能力的，或者停工留薪期满（含劳动能力鉴定委员会确认的延长期限），工伤职工或者其近亲属、用人单位应当及时向设区的市级劳动能力鉴定委员会提出劳动能力鉴定申请。

工伤职工也应结合具体情况，就是否具备工伤康复资格、是否需要安装辅助器具等提出劳动能力鉴定确认申请。

17. 劳动能力鉴定的等级是如何划分的?

劳动能力鉴定是指劳动功能障碍程度和生活自理障碍程度的等级鉴定。

劳动功能障碍分为十个伤残等级，最重的为一级，最轻的为十级。

生活自理障碍分为三个等级：生活完全不能自理、生活大部分不能自理和生活部分不能自理。

劳动能力鉴定标准由国务院社会保险行政部门会同国务院卫生行政部门等部门制定。我国目前使用的是2014年由国务院社会保险行政部门会同国务院卫生行政部门等部门制定发布的《劳动能力鉴定 职工工伤与职业病致残等级》（GB/T 16180—2014）。

18. 申请人应向哪个部门提出劳动能力鉴定申请?

申请人应当向工伤发生所在地设区的市级劳动能力鉴定委员会提出申请。

设区的市级劳动能力鉴定委员会负责本辖区内的劳动能力初次鉴定、复查鉴定。

省、自治区、直辖市劳动能力鉴定委员会负责对初次鉴定或者复查鉴定结论不服的进行再次鉴定。

19. 提出劳动能力鉴定申请应该提交哪些材料？多久作出鉴定结论？

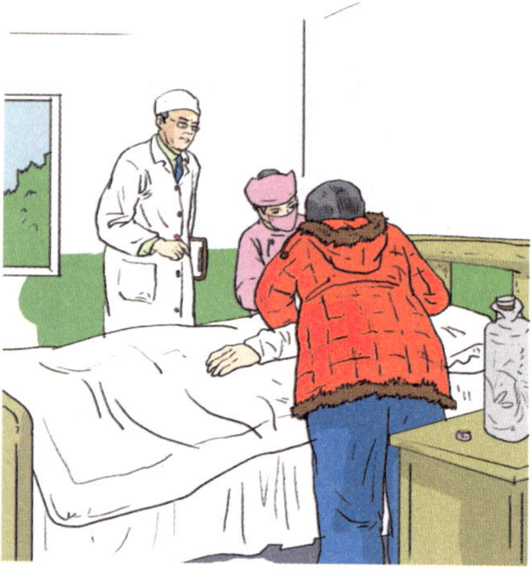

提交申请的材料

申请劳动能力鉴定应当填写劳动能力鉴定申请表，并提交下列材料：

（1）《工伤认定决定书》原件和复印件。

（2）有效的诊断证明、按照医疗机构病历管理有关规定复印或者复制的检查、检验报告等完整病历材料。

（3）工伤职工的居民身份证或者社会保障卡等其他有效身份证明原件和复印件。

（4）劳动能力鉴定委员会规定的其他材料。

初次鉴定和再次鉴定

设区的市级劳动能力鉴定委员会自收到劳动能力鉴定申请之日起 60 日内作出劳动能力鉴定结论，必要时，作出劳动能力鉴定结论的期限可以延长 30 日。劳动能力鉴定结论应在劳动能力鉴定委员会作出后 20 日内及时送达申请鉴定的工伤职工及其用人单位。

对初次鉴定不服的，可以自收到鉴定结论之日起 15 日向省、自治区、直辖市劳动能力鉴定委员会提出再次鉴定申请。再次鉴定作出的劳动能力鉴定结论是最终结论。

工伤保险待遇

20. 参保工伤职工能享受哪些工伤保险待遇？

（1）工伤医疗期间待遇

项目	计发基数及标准	支付方式
医疗费	签订服务协议的医疗机构内，符合规定范围内的医疗费	社保支付
康复费	签订服务协议的康复机构内，符合规定范围内的康复费	
辅助器具费	经劳动能力鉴定委员会确认需安装辅助器具的，发生符合支付标准的辅助器具配置费用	社保支付
住院伙食补助费	职工治疗工伤的伙食费用，按当地规定标准支付	
异地就医交通食宿费	经医疗机构出具证明，报经办机构同意，工伤职工到统筹地区以外就医所需的交通、食宿费用，按当地规定标准支付	社保支付
工资福利	停工留薪期间，按原工资福利待遇支付	单位支付
护理费用	生活不能自理的工伤职工在停工留薪期间需要护理的费用	单位支付

（2）工伤医疗终结后一次性发放待遇（一级至十级伤残）

项目	计发基数	计发标准		支付方式
一次性伤残补助金	本人工资	一级	27 个月	社保支付
		二级	25 个月	
		三级	23 个月	
		四级	21 个月	
		五级	18 个月	
		六级	16 个月	
		七级	13 个月	
		八级	11 个月	
		九级	9 个月	
		十级	7 个月	
一次性工伤医疗补助金	按各地具体制定的标准执行	五级至十级	按各地具体制定的标准执行	终止劳动关系和工伤保险关系时社保支付
一次性伤残就业补助金	按各地具体制定的标准执行	五级至十级	按各地具体制定的标准执行	终止劳动关系和工伤保险关系时单位支付

（3）工伤医疗终结后定期发放的待遇

项目	计发基数	计发标准		支付方式
伤残津贴	本人工资	一级	90%	社保按月支付
		二级	85%	
		三级	80%	
		四级	75%	
		五级	70%	保留劳动关系，难以安排工作的，由单位按月支付
		六级	60%	
生活护理费	统筹地区上年度职工月平均工资	完全不能自理	50%	社保按月支付
		大部分不能自理	40%	
		部分不能自理	30%	

（4）因工死亡补偿待遇

项目	计发基数	计发标准	支付方式
丧葬补助金	统筹地区上年度职工月平均工资	6个月	社保支付

续表

<table>
<tr><th>项目</th><th>计发基数</th><th colspan="2">计发标准</th><th>支付方式</th></tr>
<tr><td>一次性工亡补助金</td><td>上年度全国城镇居民人均可支配收入</td><td colspan="2">20 倍</td><td>社保支付</td></tr>
<tr><td rowspan="3">供养亲属抚恤金</td><td rowspan="3">本人工资</td><td>配偶</td><td>40%</td><td rowspan="3">社保按月支付，符合工亡职工供养范围条件的亲属可领取</td></tr>
<tr><td>其他亲属</td><td>30%</td></tr>
<tr><td colspan="2">孤寡老人或者孤儿每人每月在上述标准的基础上增加10%，核定的各供养亲属的抚恤金之和不应高于因工死亡职工生前的工资</td></tr>
</table>

21. 工伤后就医有什么要求？费用报销有什么要求？

职工治疗工伤应当在签订服务协议的医疗机构就医，情况紧急时可以先到就近的医疗机构急救。

治疗工伤所需费用符合工伤保险诊疗项目目

录、工伤保险药品目录、工伤保险住院服务标准的，从工伤保险基金支付。

工伤职工治疗非工伤引发的疾病，不享受工伤医疗待遇。

22. 工伤治疗期间享受哪些待遇和生活护理费用？

在停工留薪期内，原工资福利待遇不变，由所在单位按月支付，停工留薪期一般不超过 12 个月。伤情严重或情况特殊的，经劳动能力鉴定委员会确认，可适当延长，但延长期不得超过 12 个月。

生活不能自理的工伤职工在停工留薪期需

要护理的，由所在单位负责。

23. 一级至四级伤残职工有哪些工伤待遇？

职工因工致残被鉴定为一级至四级伤残的，保留劳动关系，退出工作岗位，享受以下待遇：

（1）从工伤保险基金按伤残等级支付一次性伤残补助金。

（2）从工伤保险基金按月支付伤残津贴，伤残津贴实际金额低于当地最低工资标准的，由工伤保险基金补足差额。

（3）工伤职工达到退休年龄并办理退休手续后，停发伤残津贴，按照国家有关规定享受基本养老保险待遇。基本养老保险待遇低于伤残津贴的，由工伤保险基金补足差额。

职工因工致残被鉴定为一级至四级伤残的，由用人单位和职工个人以伤残津贴为基数，缴纳基本医疗保险费。

24. 五级至六级伤残职工有哪些工伤待遇？

职工因工致残被鉴定为五级、六级伤残的，享受以下待遇：

（1）从工伤保险基金按伤残等级支付一次性伤残补助金。

（2）保留与用人单位的劳动关系，由用人单位安排适当工作。难以安排工作的，由用人单位按月发给伤残津贴。伤残津贴实际金额低于当地最低工资标准的，由用人单位补足差额。

经工伤职工本人提出，该职工可以与用人单位解除或者终止劳动关系，由工伤保险基金支付一次性工伤医疗补助金，由用人单位支付一次性伤残就业补助金。一次性工伤医疗补助金和一次性伤残就业补助金的具体标准由省、自治区、直辖市人民政府规定。

25. 七级至十级伤残职工有哪些工伤待遇？

职工因工致残被鉴定为七级至十级伤残的，享受以下待遇：

（1）从工伤保险基金按伤残等级支付一次性伤残补助金。

（2）劳动、聘用合同期满终止，或者职工本人提出解除劳动、聘用合同的，由工伤保险基金支付一次性工伤医疗补助金，由用人单位支付一次性伤残就业补助金。一次性工伤医疗补助金和一次性伤残就业补助金的具体标准由省、自治区、直辖市人民政府规定。

26. 职工因工死亡有哪些待遇?

职工因工死亡，其近亲属按照下列规定从工伤保险基金领取丧葬补助金、供养亲属抚恤金和一次性工亡补助金：

（1）丧葬补助金为6个月的统筹地区上年度职工月平均工资。

（2）供养亲属抚恤金按照职工本人工资的一定比例发给由因工死亡职工生前提供主要生活来源、无劳动能力的亲属。标准为：配偶每月40%，其他亲属每人每月30%，孤寡老人或者孤儿每人每月在上述标准的基础上增加10%。

核定的各供养亲属的抚恤金之和不应高于因工死亡职工生前的工资。供养亲属的具体范围按国家现行有关规定执行。

（3）一次性工亡补助金标准为上年度全国城镇居民人均可支配收入的 20 倍。

27. 哪些情形下应当停止享受工伤待遇?

工伤职工有下列情形之一的，停止享受工伤保险待遇：

（1）丧失享受待遇条件的。

（2）拒不接受劳动能力鉴定的。

（3）拒绝治疗的。

28. 未参加工伤保险的职工能享受哪些工伤保险待遇？

《工伤保险条例》第六十二条规定："依照本条例规定应当参加工伤保险而未参加工伤保险的用人单位职工发生工伤的，由该用人单位按照本条例规定的工伤保险待遇项目和标准支付费用。"

29. 应参加而未参加工伤保险的用人单位将承担哪些法律责任？

用人单位依照《工伤保险条例》规定应当参加工伤保险而未参加的，由社会保险行政部门责令限期参加，补缴应当缴纳的工伤保险费，并自欠缴之日起，按日加收万分之五的滞纳金；逾期仍不缴纳的，处欠缴数额1倍以上3倍以下的罚款。

依法规定应当参加工伤保险而未参加工伤保

险的用人单位职工发生工伤的，由该用人单位按照《工伤保险条例》规定的工伤保险待遇项目和标准支付费用。

30. 建筑业的工伤赔偿连带责任如何追究?

建设单位、施工总承包单位或具有用工主体资格的分包单位将工程（业务）发包给不具备用工主体资格的组织或个人，该组织或个人招用的劳动者发生工伤的，发包单位与不具备用工主体资格的组织或个人承担连带赔偿责任。

31. 发生工伤后应通过什么方式维护自己的权益？

（1）劳动仲裁。根据《工伤保险条例》规定，职工与用人单位发生工伤待遇方面的争议，按照劳动争议有关规定处理。

（2）行政复议。根据《行政复议法》规定，对受理决定或认定决定不服的，自收到决定书之日起 60 日内向上级行政机关提起行政复议。

（3）行政诉讼。根据《行政诉讼法》规定，对受理决定或认定决定不服的，自收到决定书之日起 60 日内向人民法院提起行政诉讼。

或者对工伤行政复议决定不服的，自收到复议决定书之日起 15 日内向人民法院提起行政诉讼。

32. 骗取工伤保险待遇将受到怎样的法律惩处?

用人单位、工伤职工或者其近亲属骗取工伤保险待遇，医疗机构、辅助器具配置机构骗取工伤保险基金支出的，由社会保险行政部门责令退还，处骗取金额2倍以上5倍以下的罚款；情节严重，构成犯罪的，依法追究刑事责任。

33. 如何联系社保部门咨询处理社保问题?

请拨打人力资源和社会保障服务电话“12333”。

也可以直接前往当地的人力资源和社会保障行政部门服务窗口现场咨询办理相关业务。

工伤预防基本知识

34. 什么是建筑施工“五大伤害”？

高处坠落

高处坠落一般被列为建筑施工“五大伤害”之首，事故发生概率极高，约占各类事故总数的一半以上，并且伤亡危险性极大。

物体打击

物体打击是指失控物体的惯性力对人身造成的伤害，包括高处落物、飞蹦物、滚击物及掉物、倒物等造成的伤害。

触电

发生人员触电的意外伤害事故的情况很多，主要有：施工中触碰施工现场周边的架空线路而发生的触电事故；起重机械在架空高压线下方作业时，触碰裸线或集聚静电荷而造成触电事故；

建筑施工机械和手持电动工具现场使用环境条件较差(泥浆、锯屑污染等)，带水作业多，如果保养不好，机械往往易漏电；移动照明如果不使用安全电压，使用灯泡烘衣袜等违章用电也容易造成触电事故。

机械伤害

机械设备都是由许多零部件构成的，而且其中的大部分都是运动的，特别是旋转运动。例如机械设备中的齿轮、带轮、滑轮、卡盘、轴、光杠、丝杠、联轴器等零部件都是做旋转运动的，容易造成人员受到伤害，主要形式是绞伤和物体打击伤害。

坍塌

由于坍塌过程产生于一瞬间，来势凶猛，现

场人员往往难以及时撤离。不能撤离的人员，会随着坍塌物体的变动而引发坠落、物体打击、挤压、掩埋、窒息等严重后果。如果现场有危险物品存在，坍塌还可能引发着火、爆炸、中毒、环境污染等灾害。

35. 建筑工地有哪些常见的安全标志?

建筑施工现场环境复杂，安全标志具有举足轻重的作用，能使作业人员增强安全意识，时刻敲响安全警钟。安全标志是由安全色、几何图形和图形符号构成的，是用来表达特定安全信息的标记，分为以下四类：

禁止标志

禁止标志的含义是禁止人们的不安全行为。例如：

禁止吸烟

禁止跨越

禁止饮用

警告标志

警告标志的含义是提醒人们对周围环境引起注意，以避免可能发生的危险。例如：

注意安全

当心火灾

当心触电

指令标志

指令标志的含义是强制人们必须作出某种动作或采取防范措施。例如：

必须戴防尘口罩

必须戴安全帽

必须系安全带

提示标志

提示标志的含义是向人们提供某种信息（如标明安全设施或场所等）。例如：

紧急出口

避险处

可动火区

36. 什么是建筑工地安全“三宝”？

建筑工地安全“三宝”是指安全帽、安全带、安全网，是建筑职工保护人身安全的必备劳动防护用品。

安全帽

未按要求戴好安全帽施工或安全帽掉落，很

容易导致施工人员头部受伤，造成伤亡事故。佩戴安全帽要做到：安全帽，进现场，要戴好，戴帽不忘系帽带，流汗总比流血好。

安全带

建筑施工高空作业情况多，使用安全带进行高空作业可以说是操作者命悬一线（安全带）间。使用安全带要做到：安全带，上高空，要系牢，金属配件要齐全，高挂低用安全保。

安全网

在建筑工地中，安全网主要用于外架及电梯井内的安全防护。在使用过程中，常见的问题是张挂安全网时系挂不牢、平网上的建筑垃圾未及时清理和两层网间的防护间距过大等。使用安全网要做到：关键要素是系牢，固定高处设一道，还有一道围楼跑。

使用劳动防护用品注意事项

（1）正确选用。选择防护用品应针对防护目的，正确选择符合要求的用品，绝不能选错或将就使用。

（2）熟练使用。使用防护用品的人员应接受教育和培训，充分了解使用目的和意义，并正确使用。

（3）妥善维护。耳塞、口罩、面罩等用后应用肥皂、清水洗净，并用药液消毒、晾干。过滤式呼吸防护器的滤料要定期更换，以防失效。防止皮肤污染的工作服用后应集中清洗。

（4）专人管理。防护用品应有专人管理，负责维护保养，保证劳动防护用品充分发挥作用。

37. 高处作业人员如何预防坠落事故?

做好防护

高处坠落事故在建筑施工中经常发生。要避免此类事故，必须配齐建筑工地安全“三宝”：安全帽、安全带和安全网，特别要注意“四口、五临边”（建筑工地重点防护的“四口”是指在建工程的预留洞口、电梯井口、通道口、楼梯口，

“五临边”是指在建工程的楼面临边、屋面临边、阳台临边、升降口临边、基坑临边）的安全注意事项。

按时体检

高处作业人员，一般每年需要进行一次体格检查。患有心脏病、高血压、精神病、癫痫病的人，不可从事这类作业。

遵章守纪

高处作业人员衣着要符合规定，不可赤膊裸身。脚下要穿软底防滑鞋，绝不能穿拖鞋、硬底鞋和带钉、易滑的鞋靴。操作时要严格遵守各项安全操作规程和劳动纪律。

持证上岗

攀登和悬空作业人员（如架子工、结构安装工等）危险性都比较大，因而对此类人员应该进行培训和考试，取得合格证后再持证上岗。

注重细节

高处作业中所用的物料应该堆放平稳，不可放置在临边或洞口附近，也不可妨碍通行和装卸。

38. 如何预防坍塌伤人？

预防土方坍塌

预防土方坍塌事故要注意：挖土方时，发现边坡附近土体出现裂纹、掉土及塌方险情时，应立即停止作业，下方人员要迅速撤离危险区域，查明原因后，再决定是否继续作业。

预防脚手架坍塌

预防脚手架坍塌事故要注意以下几点：

（1）加强对脚手架的日常检查维护，重点检查架体基础变化、各种支撑及结构连接的受力情况。

（2）当脚手架的前部基础沉陷或施工需要掏空时，应根据具体情况采取加固措施。

（3）当隐患危及架体稳定时，应立即停止使用，并制定针对性措施，限期加固处理。

（4）在支搭与拆除作业过程中要严格按规定和工作程序进行。

39. 拆除作业应注意哪些安全事项？

（1）在拆除前，应查明建筑物的结构和材料特点。作业前要划定危险区域，设置警戒人员和标志，禁止无关人员入内。禁止立体交叉作业，防止相邻部位坍塌伤人。

（2）了解拆除对象，掌握拆除房屋的结构以及煤气、水电等管路的分布和关闭情况。拆除整体框架式钢筋混凝土建筑物，要注意钢筋特别

是主筋种类、位置与数目，以便正确地确定隔离缝。

（3）操作时，一定要戴好安全帽，高处作业要系好安全带，时刻注意站立面、位置是否安全可靠。

（4）拆除作业一般应自上而下按顺序进行，先拆除非承重结构，再拆除承重结构，栏杆、楼梯和楼板拆除应与同层整体拆除进度相配合。

（5）作业人员应站在脚手架或其他稳固的结构部位上操作，不准在建筑物的屋面、楼板、平台上有聚集人群或集中堆放材料。拆除物禁止向下抛掷，拆卸下的各种材料应及时清理，分别堆放在指定的场所。

（6）一旦遇有风力在六级以上、大雾、雷暴雨、冰雪等影响作业安全的恶劣天气，应该禁止进行露天拆除作业。

40. 发现火灾如何正确拨打报警电话?

发现火情不要惊慌失措，要及时报警，火警电话号码“119”要记牢。

拨打“119”免收电话费，所有公用电话均可直接拨打。

“119”还参加其他事故的救援工作，包括：各种危险化学品泄漏事故的救援；水灾、风灾、地震等重大自然灾害的抢险救援；恐怖袭击等突发性事件的应急救援；单位和群众遇险求助时的救援救助等。

41. 如何使用干粉灭火器？

干粉灭火器适用于扑救各种易燃、可燃液体火灾和易燃、可燃气体火灾，以及电气设备火灾。要掌握干粉灭火器的正确使用方法：

（1）用一只手握住压把，另一只手托住灭火器底部，取下灭火器。

（2）提着灭火器迅速赶到现场。

（3）除掉铅封，拔出保险销。

（4）在距离火焰2米的地方，右手用力压下压把，使干粉喷射出来，左手拿着喷管左右摆动，使干粉覆盖整个燃烧区。

42. 身处建筑内火场如何避险逃生？

镇定自救

沉着冷静，辨明方向，迅速撤离危险区域。如果火灾现场人员较多，切不可慌张，更不要相

互拥挤、盲目跟从或乱冲乱撞、相互踩踏，以防造成意外伤害。

选择逃生路线

在高层建筑中，电梯的供电系统在火灾发生时会随时断电。因此，发生火灾时千万不可乘普通电梯逃生，而要根据情况选择进入相对安全的楼梯、消防通道、有外窗的通廊等。此外，还可以借助建筑物的阳台、窗台、天台屋顶等攀爬到周围的安全地点。

创造条件

在救援人员还不能及时赶到的情况下，可以迅速利用身边的绳索或床单、窗帘、衣服等自制成简易救生绳，有条件的最好用水浸湿，然后从窗台或阳台沿绳缓滑到下面的楼层或地面；还可以沿着水管、避雷线等建筑结构中的凸出物滑到地面安全逃生。

暂避等待

暂避到较安全的场所，等待救援。假如用手

摸房门已感到烫手，或已知房间被大火或烟雾包围，此时切不可打开房门，否则火焰与浓烟会顺势冲进房间。这时可采取创造避难场所、固守待援的办法。首先应关紧迎火的门窗，打开背火的门窗，用湿毛巾或湿布条塞住门窗缝隙，或者用水浸湿棉被蒙上门窗，并不停地泼水降温，同时用水淋透房间内的可燃物，防止烟火侵入。

对外联络

设法发出信号，寻求外界帮助。被烟火围困暂时无法逃离的人员，应尽量站在阳台或窗口等易于被人发现和能避免烟火近身的地方。白天可以向窗外晃动颜色鲜艳的衣物；晚上可以用手电筒不停地在窗口闪动或者采用敲击金属物、大声呼救等方式，引起救援者的注意。

43. 高处坠落人员如何急救？

高处坠落产生的伤害主要是脊椎损伤、内脏损伤和骨折。为避免施救方法不当使伤情扩大，抢救时应注意以下几点：

（1）若坠落伤员能站起来或移动身体，则要让其躺下并用担架抬送或用车送往医院。因为某些内脏损伤，当时可能感觉不明显。

（2）若坠落伤员已不能动或不清醒，切不可立即搬运、转移，更不能背起来送医院，这样做极易拉脱伤者脊椎，造成永久性伤害。

（3）送医院时应先找一块能使伤者平躺的木板，然后在伤者一侧将施救者的小臂伸入伤者身下，并由施救者分别托住伤者的头、肩、腰、腿等部位，同时用力将伤者平稳托起，再平稳地放在木板上送医院。

44. 发现有人触电如何急救？

触电急救的基本原则是动作迅速、方法正确。

脱离电源

发现有人触电，应立即关闭开关、切断电源。同时，用木棒、皮带、橡胶制品等绝缘物品挑开触电者身上的带电物体，立即拨打报警求助电话。需防止触电者脱离电源后可能的摔伤，特别是在触电者身处高处的情况下，应考虑采取防摔措施。

就地抢救

解开妨碍触电者呼吸的紧身衣服，检查触电者的口腔，清理口腔黏液，如有假牙，则应取下。

当触电者脱离电源后，应根据触电者的具体情况，迅速对症施救。现场应用的主要救护方法是人工呼吸法和胸外心脏按压法。应当注意急救要尽快进行，不能等候医生的到来，在送往医院的途中，也不能终止急救。

如有电烧伤的伤口，应包扎后到医院就诊。

45. 怎样正确进行口对口人工呼吸?

（1）使处于昏迷、失去知觉或假死状态的伤员仰卧，迅速解开其围巾、领口、紧身衣扣并放松腰带，颈部下方可以适当垫起以利呼吸畅通，切不可在头部下方垫物。同时，还应再一次检查伤员是否已停止呼吸。

（2）把伤员的头侧向一边，清除口腔中的假牙、血块、黏液等异物。如舌根下陷，应把它拉出来，使呼吸畅通。如果伤员牙关紧闭，可用小木片、小金属片等坚硬物品从其嘴角插入牙缝，慢慢撬开嘴巴。

（3）使伤员的头部尽量后仰，鼻孔朝天，下颌尖部与前胸部大体保持在一条水平线上。这样，舌根部就不会阻塞气道。

（4）救护人员蹲跪在伤员头部的左侧或右侧，一只手捏紧伤员的鼻孔，用另一只手的拇指和食指掰开其嘴巴。如掰不开嘴巴，可用口对鼻人工呼吸法，捏紧嘴巴，紧贴鼻孔吹气。

（5）深吸气后，紧贴掰开的嘴巴吹气。吹气时可隔一层纱布或毛巾。吹气时要使伤员的胸部鼓起，每 5 秒钟一次，每次吹 2 秒钟。

（6）吹气后，应立即离开伤员的口（鼻），并松开伤员的鼻孔（或嘴唇），让其自由呼吸。

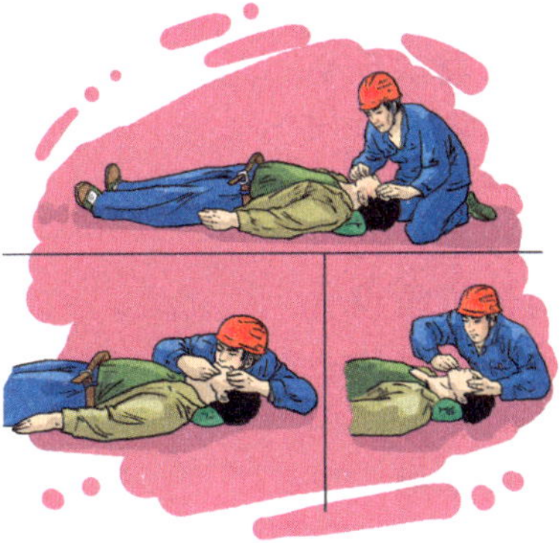

（7）在做人工呼吸的过程中，若发现伤员有轻微的自然呼吸，人工呼吸应与自然呼吸的节律相一致。当自然呼吸有好转时，可暂停人工呼吸数秒并密切观察。若自然呼吸仍不能完全恢复，应继续进行人工呼吸，直至呼吸完全恢复正常为止。

46. 如何为伤员快速止血？

压迫止血法

适用于头、颈、四肢动脉大血管出血的临时止血。立刻用手指或手掌用力压迫伤口附近靠近心脏一端的动脉跳动处，并把血管压迫在骨头上，就能很快起到临时止血的效果。如头部前面出血，可在耳前对着下颌关节点压迫颞动脉。颈部动脉出血时，要压迫颈总动脉，此时可用手指按住一侧颈根部，向中间的颈椎横突压迫，但禁止同时压迫两侧的颈动脉，以免引起大脑缺氧而昏迷。

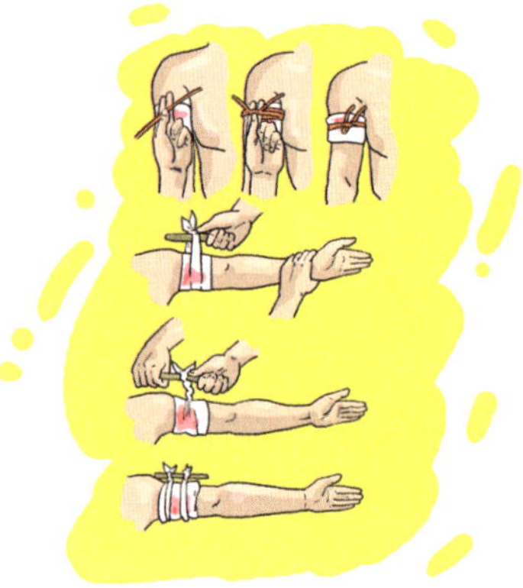

止血带止血法

用止血带（一般用橡胶管、橡胶带）绕肢体绑扎打结固定。上肢受伤可扎在上臂上部1/3处，下肢受伤扎于大腿中部。若现场没有止血带，也可以用纱布、毛巾、布带等环绕肢体打结，在结内穿一根短棍，转动此棍使带绞紧，直到不流血为止。在绑扎和绞止血带时，不要过紧或过松。过紧会造成皮肤或神经损伤，过松则起不到止血的作用。

加压包扎止血法

适用于小血管和毛细血管的止血。先将消毒

纱布或干净毛巾敷在伤口上，再垫上棉花，然后用绷带紧紧包扎，以达到止血的目的。若伤肢有骨折，还要加夹板固定。

加垫屈肢止血法

多用于小臂和小腿的止血，利用肘关节或膝关节的弯曲功能，压迫血管以达到止血的目的。在肘窝或腋窝内放入棉垫或布垫，然后使关节弯曲到最大限度，再用绷带把前臂与上臂（或小腿与大腿）固定。

47. 断肢或断指如何急救？

（1）让伤者躺下，将一块纱布或清洁的布块放在断肢的伤口上，再用绷带或围巾包扎。

（2）立即派人找回断肢或断指。如果断肢或断指仍在机器中，需立即拆开机

器取出，同伤员一起送往医院，以备断肢或断指再植手术。

（3）断指或断指要用无菌或清洁的纱布包扎，置于塑料袋中密封，最好放入有冰的容器中，切勿直接浸泡在任何液体中或直接置于冰块中。

（4）尽快前往有条件的专科医院就诊，迅速组织进行再植手术，尽量争取在 6~8 小时内完成再植手术。

48. 搬运转移伤员要注意哪些事项？

正确搬运伤员是非常重要的。如果搬运不当，可使伤情加重，严重时还可能造成神经、血管损伤，甚至瘫痪，难以治疗。

一般方法

如果伤员伤势不重，可采用扶、掮、背、抱等方法将伤员运走。

（1）单人扶着行走。左手拉着伤员的手，右手扶住伤员的腰部，慢慢行走。此法适用于伤势不重、神志清醒的伤员。

（2）肩膝手抱法。伤员不能行走，但上肢

还有力量，可让伤员钩住搬运者的颈部。此法禁用于脊柱骨折的伤员。

（3）背驮法。先将伤员支起，然后背着走。

（4）双人平抱着走。两个搬运者站在同侧，抱起伤员走。

了解伤情，区别对待

（1）脊柱骨折伤员的搬运。对于脊柱骨折的伤员，一定要用木板做的硬担架抬运。应由2~4人搬运，使伤员成一线起落，步调一致。切忌一人抬胸，一人抬腿。将伤员放在担架上以后，要让其平卧，腰部垫一个靠垫，后用3~4根皮带把伤员固定在木板上，以免在搬运过程中滚动或跌落，造成脊柱移位或扭转，刺激血管和神经，使下肢瘫痪。无担架、木板，需众人用手搬运时，抢救者必须有一人双手托住伤者的腰部，切不可单独一人用拉、拽等方法抢救伤者，否则易把伤者的脊柱神经拉断，造成下肢永久性瘫痪的严重后果。

（2）颅脑伤昏迷者的搬运。搬运时要两人以上，重点保护头部。将伤员放在担架上，采取半卧位，头部侧向一边，以免呕吐物阻塞气道而窒息。如有暴露的脑组织，应加以保护。抬运前，头部给以软枕，膝部、肘部应用衣物垫好，头颈部两侧垫衣物以使颈部固定，防止来回摆动。

（3）颈椎骨折伤员的搬运。搬运时，应由一人稳定头部，其他人员以协调力量将其平直抬到担架上，头部左右两侧用衣物、软枕加以固定，防止左右摆动。

（4）腹部损伤者的搬运。严重腹部损伤者，多有腹腔脏器从伤口脱出现象，可用布带、绷带做一个略大的环圈盖住加以保护，然后固定。搬运时采取仰卧位，并使下肢屈曲，防止腹压增加而使肠管继续脱出。